路線バスとレトロ
鉄道に乗って
九份と十分
天燈上げ

自力旅游力

台 鉄 に 揺 ら れ て
自力で九份
Tabisuru CHINA 101

Asia City Guide Production

【白地図】台北と九份

Taiwan
九份

台北と九份

Jiufen | 白地図

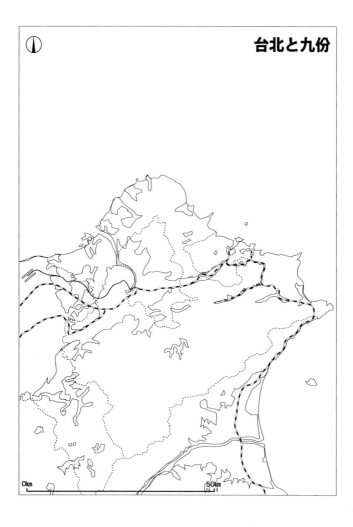

【白地図】台北市街

Taiwan
九份

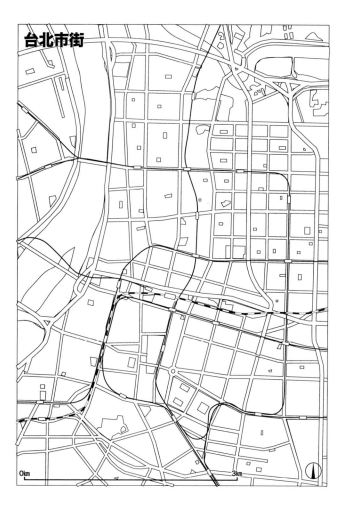

【白地図】台北駅

Taiwan
九份

台北駅地下1階

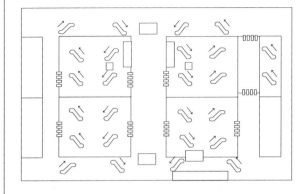

地下2階

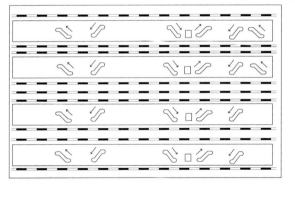

jiufen

白地図

【白地図】忠孝復興

Taiwan
九份

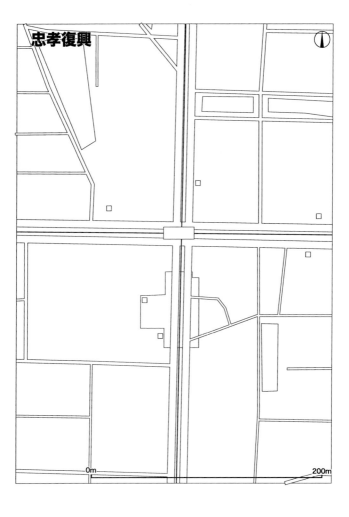

【白地図】平渓線

Taiwan
九份

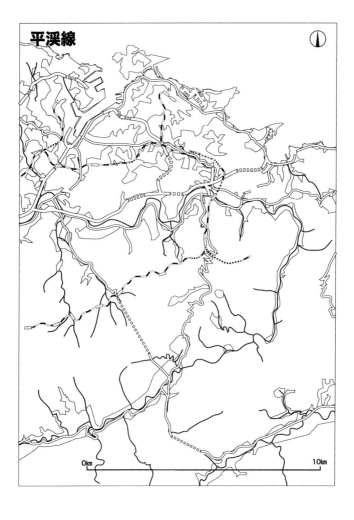

【白地図】十分

Taiwan
九份

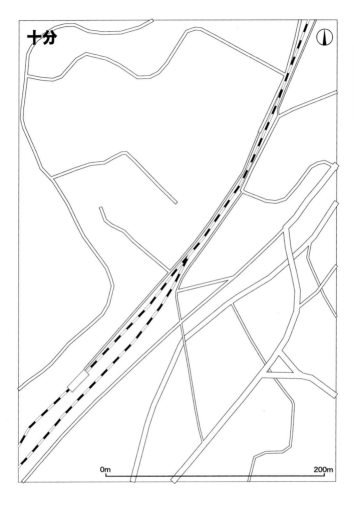

【白地図】十分郊外

Taiwan
九份

十分郊外

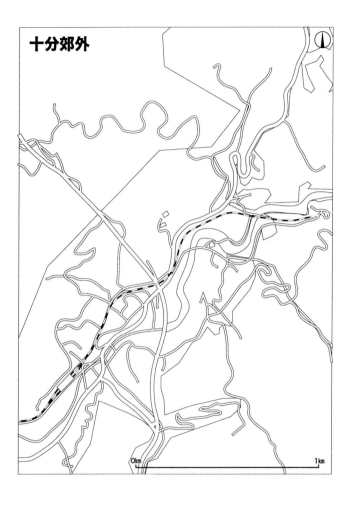

Jiufen

白地図

【白地図】瑞芳

Taiwan
九份

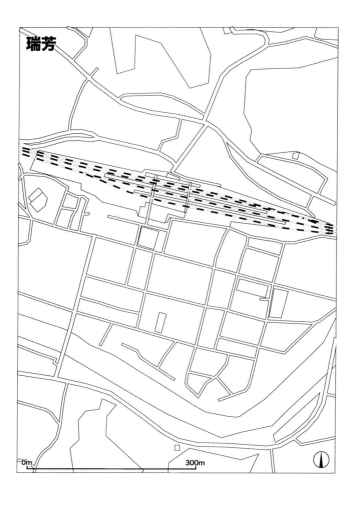

【白地図】瑞芳～九份

Taiwan
九份

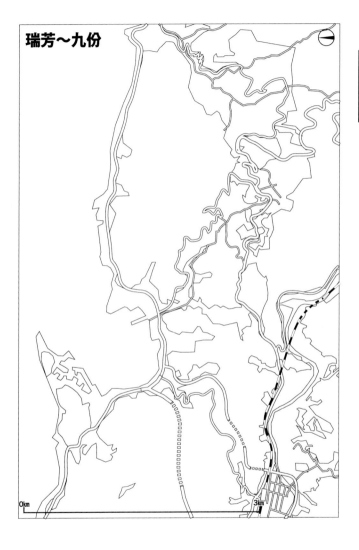

【白地図】九份

Taiwan
九份

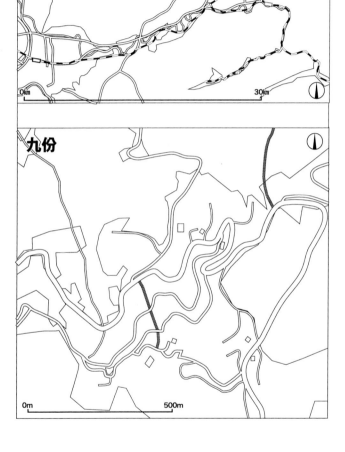

【白地図】九份老街（南北ママ）

Taiwan
九份

【白地図】九份老街（南北逆転）

Taiwan
九份

【白地図】金瓜石

Taiwan
九份

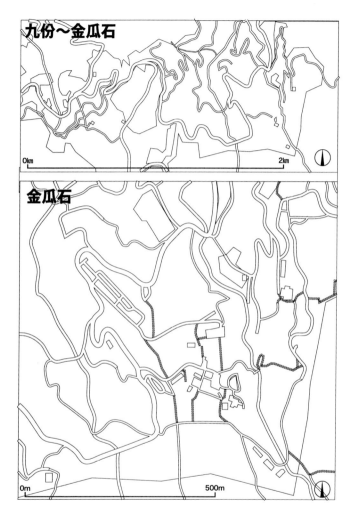

jiufen 白地図

【白地図】九份〜基隆

Taiwan
九份

九份～基隆

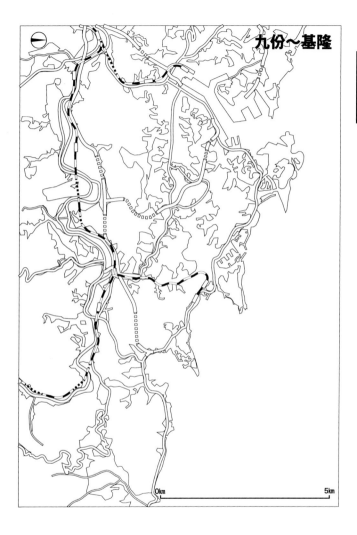

Jiufen

白地図

【白地図】基隆

Taiwan
九份

台北～基隆

基隆

Jiufen

白地図

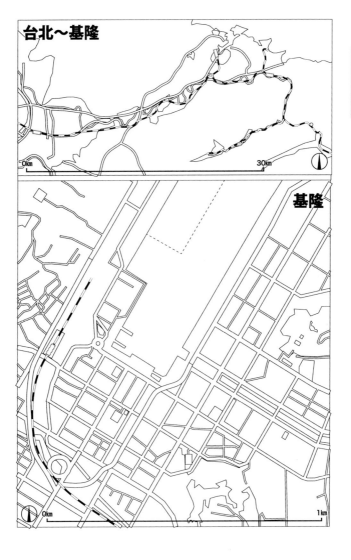

【白地図】基隆駅

Taiwan
九份

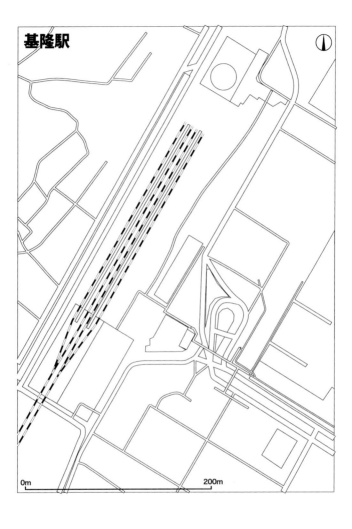

【旅するチャイナ】
101 台鉄に揺られて「自力で九份」

Taiwan
九份

　夕方になるとランタン(赤ちょうちん)に灯がともり、ぞくぞくと店に集まってくる人、進む箸、はずむ会話でにぎわいを見せる。まるでよく知られた長編アニメ映画のワンシーンのようですが、そんな世界にひたれる街が台北郊外に位置します。

　山間の街、九份です。九份は日本語で「キュウフン」と読みます。台湾で使われている中国語では「ジィウフェン(チィウフェン) jiǔ fèn」、台湾の地元の音(閩南語)では「カオフン káu hūn」と読みます。台北から日帰りで行ける人気のス

台鉄に揺られて
自力で九份
Tabisuru CHINA 101

ポットで、台北旅行のハイライトにもなるでしょう。

　この九份へは台北からタクシーで片道１時間ほどの距離ですが、少し頑張って公共交通を利用すれば格安で行けてしまいます。そして、その九份からそう遠くない場所にレトロ鉄道平渓線に乗って行く十分が位置します。十分では願いごとを空に放つ天燈上げが旅行者に大人気です。さて、これから自力で行く九份と、十分天燈上げの旅へご案内しましょう。

【自力旅游九份】
Tabisuru CHINA 101 自力で九份

目次

自力で九份	xxxiv
九份ってどんなとこ？	xxxviii
基隆河をさかのぼって	xlv
瑞芳へのアクセス実践編	lvi
直通バスで台北から九份	lxvi
平渓線で十分に行こう	lxxv
十分で天燈上げに挑戦！	xc
瑞芳から路線バスで九份へ	cv
愉しもう九份の街歩き	cxvii
もっと知りたい九份	cxxx
金瓜石に行ってみよう	cxxxviii
おまけで基隆に行こう	cxlvii
たっぷり遊んだら台北へ	clxiv
最後に	clxix

Taiwan
九份

【MEMO】

九份ってどんなとこ？

Taiwan
九份

ゴールドラッシュにわいた全盛期と没落期
そして20世紀末から観光地として見出されていき
九份は台湾屈指の観光地となりました

それは九戸の村からはじまった

九份に人が暮らしはじめたのは、清朝時代の1840年代と言われています。1848年には九份の守り神をまつる「福山宮」が建てられました。山の斜面を利用したこの地からは海が見え、おいしい空気とともにのどかな光景が広がっていたのです。清朝の役所のあった台南や台北から見て（1885年から台北が省都）、この村は山奥のさびれた地にあたり、わずか9戸（世帯）の農家が暮らしていました。そして、交通の不便な山奥から海辺に買い出しに行くとき、9世帯分（人口数十人）の食料や日常品をまとめ買いしていました。買い物さ

Jiufen 九份ってどんなとこ？

れる側から見れば、いつも9世帯（戸）分の荷物をまとめ買いしていくため、この村は「九份（9戸分）」と呼ばれるようになったそうです。九份の「份」とは「ラーメン二人前」というように、複数が一組になったものに使う量詞で、街を「9人前、9戸分」と名づけたのが九份という街名の由来です。

ゴールドラッシュに沸く九份

そんなのどかな村が激変する事態を迎えます。清朝から台湾巡撫に任命された劉銘伝は、港町基隆と台北を結ぶ鉄道の建設にとりかかり、1890年、現在の八堵駅近くで、橋梁の建

Taiwan
九份

設工事中、基隆河で砂金が発見されます。その砂金はどこから流れてきたのか？　基隆河をさかのぼっていくと、翌年、上流山間の九份で金脈の露頭が見つかったのです。こうして九份を目指して、「我も、我も」と人が押し寄せ、人口数十人の村は、一気に3〜4万人が暮らすゴールドラッシュ時代を迎えたのでした。1940〜50年代の九份は埋蔵する豊富な金のため、「小上海」「小香港」と呼ばれるほどだったと言います。なお日清戦争に勝利した日本は、1895年から終戦の1945年まで台湾を領有しますが、この時代が九份のゴールドラッシュ時代に重なることも記しておきます。

Jiufen 九份ってどんなとこ？

▲左　九份の基山街にはずらりと店舗がならぶ。　▲右　ランタンの連なるあの映画の世界へ

没落、そして映画の舞台に

黄金の輝きを見せた九份にも、没落のときがやって来ます。1960年代になると、金鉱資源が枯渇し、1971年には金鉱は閉鎖されてしまいました。仕事や機会を失った人々は、九份から去っていき、昔のさびれた山間の村へ先祖返りしたのでした。こうしたなか1本の映画がきっかけになって、再び、九份に注目が集まります。1989年に公開された侯孝賢（ホウ・シャオシェン）監督の映画『悲情城市』です。『悲情城市』は、1948年の「二・二八事件（戦後台湾にやってきた国民党の中国人による台湾人の虐殺事件）」などの社会状況を縦軸に、

Taiwan
九份

基隆のある家族の人生模様を横軸に物語が進みます。そして、映画のなかで九份の豎崎路と小上海茶飯館(「悲情城市」)が何度か登場するのです。第46回ベネチア国際映画祭金獅子賞を受賞するなど、高い評価を受けた『悲情城市』。その舞台となった九份。映画『悲情城市』の描く時代は、ちょうど九份が金鉱でもっとも華やかだった時代でもありました。

観光都市九份へ

昔ながらの街並みが残るノスタルジックな山間の村。石の階段の両脇にならんだ店舗と赤のランタンがつくりだす神秘的

九份ってどんなとこ？
Jiufen

な雰囲気。観光地として人気が出はじめた九份には、飲食店や土産物店がずらりとならぶようになりました。そして日本人観光客の、九份人気を決定づけたのが、絶大な人気を誇る日本の長編アニメ映画の世界に似ているという指摘です。九份の豎崎路（石階段の道）のなかほどの阿妹茶樓には「湯婆婆の屋敷」という文言も見えます。そう、誰もが知る映画の世界に浸れる街として、九份は台湾有数の観光地となったのです。前置きが大分長くなりましたが、台北に行ったら必ず訪れたい九份。この九份へ自分ひとりで行ける方法を記していきたいと思います。

基隆河をさかのぼって

目指す先の九份と十分は台北東郊外にあり
台北に隣接する新北市の管轄となっています
さあ日帰りトリップに出かけましょう

台北郊外の山間へ GO！

九份と十分は、台北から東、直線距離で25㎞の山間に位置します。台北をぐるりととり囲む新北市の行政区となっていて、九份は瑞芳区に、十分は平渓区に位置します。この「瑞芳」と「平渓」という地名は、九份と十分観光に意味をもってきますので、覚えておきましょう。また最後に紹介する台北の港町の基隆もあわせて、これら観光地へは台北から基隆河をさかのぼっていきます（基隆河は基隆方面から流れてくる河で、台北で淡水河に合流、海に注ぎます）。既述の通り、九份に人が集まるきっかけとなったのは、1890年、基隆河

Taiwan
九份

で砂金が発見され、その上流で金鉱が発見されたことによります。そのため、そのときと同様、九份への旅は「基隆河をさかのぼる旅」でもあります。

▲左　台北郊外を走るローカル鉄道の平渓線。　▲右　漢字で書かれたチラシが貼ってあった

基隆河をさかのぼって　Jiufen

台湾の鉄道路線

九份や十分といった台北郊外に行くためには、台鉄TRAを利用します。台北市街を縦横無尽に走る台北MRT（台北捷運こと台北地下鉄）とは、ちょうど日本のJRとメトロの関係にあたりますが、台北では近距離市街部がMRT、長距離郊外がTRAと使い分けることになります。この台鉄TRAの路線は、台湾をぐるり一周めぐるように走っています。もっとも多くの人が乗るのは、台北（基隆）から台湾西側の主要都市である台中、台南、高雄を結ぶ縦貫線です。この縦貫線と並行して、日本の新幹線にあたる高鉄も走っています。一

【MEMO】

Taiwan
九份

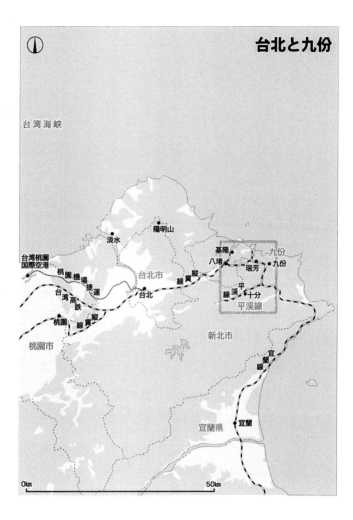

Jiufen 基隆河をさかのぼって

Taiwan
九份

方、台湾東側は南の高雄から、南廻線、台東線、北廻線、宜蘭線と逆時計まわりで一周して基隆近くの「八堵(砂金が発見された現場そば)」にいたります。そしてそこから遠くないところに九份と十分への起点となる「瑞芳」が位置します。これを台北側から見てみると、九份への起点になる「瑞芳」へは基隆行きの縦貫線では行けず、途中の「八堵」で北の縦貫線と枝分かれして、南の宜蘭線に入る列車に乗る必要があります。でもご安心ください。台北から1本で「瑞芳」にいたる、縦貫線→宜蘭線に乗り入れする列車が走っているため、旅行者はその列車に乗れば、簡単に「瑞芳」に到着できます。

Jiufen 基隆河をさかのぼって

瑞芳と平渓

先に「瑞芳」と「平渓」の地名を覚えておいてくださいと記しました。それは九份で列車で行くならば、まず台鉄TRAの「瑞芳駅/瑞芳車站」へ行く必要があり、そこから路線バスに乗り換えて九份へ向かいます。また十分天燈上げに行くときには、「瑞芳駅/瑞芳車站」からローカル線の平渓線に乗車することになるからです。平渓区を走る平渓線は、旅情を誘う単線で、観光客に人気の路線です。そのため、九份と十分への旅は、「瑞芳」と「平渓」がポイントとなってくるのです。

我想去瑞芳

[見せる中国語]
Wǒ xiǎng qù ruì fāng
ウォシィアンチュウルイファン
私は瑞芳に
行きたいです。

我明天要去瑞芳

[見せる中国語]

Wǒ míngtiān yào qù ruì fāng

ウォミンティエンヤオチュウルイファン

私は明日、
瑞芳に行きたいです。

[見せる中国語]
自強（特急）
Zì qiáng
ズウチィアン

區間車

[見せる中国語]
区間車（普通）
Qū jiān chē
チュウジィアンチャア

瑞芳への
アクセス
実践編

日帰りで行けちゃう九份＆十分観光
まずは瑞芳へ向かいましょう
台北駅から台鉄に乗車します

ひとまず瑞芳へ行こう

九份から先に行くにしても、十分で天燈上げをしてから九份に行くにしても、まず最初に向かう場所は「瑞芳」です。「瑞芳」から路線バスに乗り換えて20分ほどで「九份」に着き、また「瑞芳」からローカル線の平渓線に乗れば30分ほどで「十分」に到着します。

台北→瑞芳の列車

台北→瑞芳へは、特急、急行にあたる「自強」「莒光」「普悠瑪」「太魯閣」と、普通にあたる「区間車 / 區間車」が走っています。

Jiufen

瑞芳へのアクセス実践編

ネット予約もできる列車（自強などの特急）は、朝から1〜2時間に1本の割合で走っていて、台北から瑞芳まで所要40分前後です。一方の「区間車／區間車（普通）」はもう少し多くの便があり、台北から瑞芳まで所要50〜60分前後となります。これらの列車は、「自強（特急）」でも時間がかかり、「区間車／區間車（普通）」でも速いなど、列車そのものによって所要時間が変わりますので、時刻表をご確認ください。台北と瑞芳がそれほど遠くないこともあり、何が何でも「自強（特急）」でなくてもよいでしょう。ただし、事前にネット予約をしておくと安心感があります。

【MEMO】

Taiwan
九份

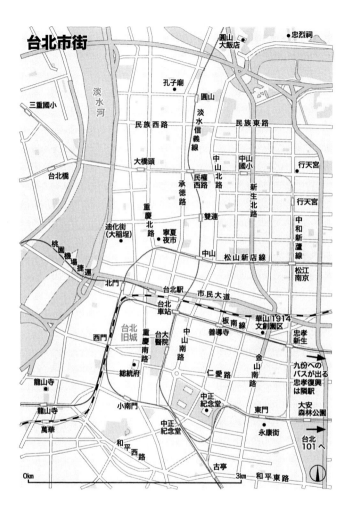

台北市街

瑞芳へのアクセス実践編

Taiwan
九份

【MEMO】

台北駅地下1階

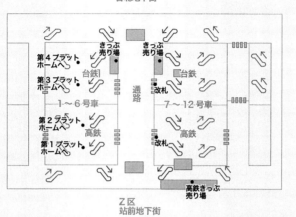

地下2階

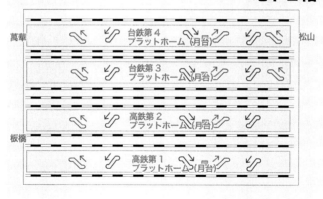

瑞芳へのアクセス実践編 | Jiufen

Taiwan
九份

台北→瑞芳の「自強（特急）」

・停車駅は列車によって異なるが、台北→松山→七堵→八堵→瑞芳など。

・1〜1時間半に1本の割合。なかにはネット予約できる便もある。

・所要40分前後。

・基隆行きに乗ってしまうと、瑞芳には行けないため、必ず「瑞芳行き」に乗る。

▲左 日本統治時代に線路が敷かれた路線。　▲右　台北駅、瑞芳行きの台鉄はここから乗車

台北→瑞芳の「区間車/區間車（普通）」

・停車駅は、台北→松山→南港→汐科→汐止→五堵→百福→七堵→八堵→暖暖→四脚亭→瑞芳。

・1時間に2本程度。

・所要50〜60分前後。

・基隆行きに乗ってしまうと、瑞芳には行けないため、必ず「瑞芳行き」に乗る。

Taiwan
九份

台鉄の予約方法

さて台鉄では、特急（自強とそれに準じるもの）列車のきっぷはネット予約ができます。調査時では、夜、現地ホテルでネットから予約し、提示された番号をもってセブンイレブンに行きました。店員さんの助けを借りながら、きっぷをゲットしましたが、ひとりでやるのはハードルが高いというかたは、台北に着いたその日に台鉄の台北駅/台北車站で予約きっぷを買うか、当日、その場で「区間車/區間車（普通）」に乗る（立つ可能性あり）という方法でもいいでしょう。きっぷのネット予約は乗車の２週間前（２週間前の同じ曜日）からでき、台鉄のホー

Jiufen

瑞芳へのアクセス実践編

ムページにアクセス。画面の案内にしたがってパスポート番号などを入力していきます。片道きっぷ、往復きっぷもあります。そして、予約日から2日以内に支払いを済ませます。受け取り場所は台鉄の駅（鉄路局自動発券機設置各駅）、セブンイレブン、ファミリーマート、Hi-Life、OKマートといった各コンビニ、全国各地のオンライン郵便局（貯金・送金窓口）で。台鉄の駅以外では手数料が8元かかります。

直通バス
で台北
から九份

Taiwan
九份

きっぷを買って鉄道に乗るのは
ハードルが高いというかた向けに
台北→九份の直通バスを紹介します

九份まで路線バス1062路で

台北から直接、九份まで行ける便利な路線バスもあります。それは國道客運路線の1062路で、台北の東区/東區（頂好）にあるMRT「忠孝復興」駅近くのバス停から出ます。「台北駅/台北車站」からは【青】MRT板南線（南港展覽館行き）で「忠孝復興」（5分、16元/20元）下車。2番出口から出てください。復興南路一段の180号前にある「捷運忠孝復興站」から乗車します。「台北（台北中崙/忠孝復興）」〜「中山高速公路」〜「瑞芳」〜「九份（九份老街)」〜「金瓜石」を結びます。九份最寄りの「九份老街」で下車。交通量によっ

て不確実ですが、所要1時間半ほど。ピーク時は10〜15分に1本の割合で出ています。鉄道に乗り換えたりするのが面倒で、楽に、確実に行きたい人向けのバスです。ただし、いきなり九份に着くため、平渓線などで感じられる旅情という意味では、鉄道ルートをおすすめします。

1062路、台北→金瓜石（平日朝7時〜21時10分、祝休日朝7時10分〜20時40分運行）
・◉捷運忠孝復興站→進安公園（中山女高）→中崙→臺安醫院→美仁里→臺北市區監理所→京華城→松山車站（八德）→

【MEMO】

Taiwan
九份

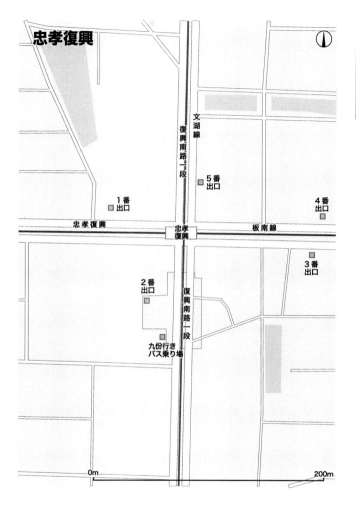

Taiwan
九份

玉成國小→潭美國小（成功）→暖江橋頭→十六坑→碇內（博愛仁愛之家）→四腳亭→中央貨櫃→永聯物流園區→大寮→山仔腳→瑞興新村→［魚桀］魚坑→頂埔→東和里→瑞芳火車站（區民廣場）→●九份老街→金瓜石（黃金博物館）→金瓜石（勸濟堂）

・「捷運忠孝復興站」から「九份老街」までは101元。所要1時間半目安で道路狀況により変化。

・ピーク時は15〜20分に1本、オフピークは20〜30分に1本。

・台北版 Suica プリペイド式の「悠遊カード/悠遊卡（EASY

▲左 列車＋バスで行くか、それともバス1本で行くか。　▲右 不思議なデザインの雑貨が飾ってあった

CARD)」は、乗車時と降車時の2度タッチが必要。

九份から帰りのバス

一応、帰りの路線バスも記しておきます。行きと同じく路線バス1062路です。「金瓜石」〜「九份（九份老街）」〜「瑞芳」〜「中山高速公路」〜「台北（忠孝復興/台北中崙）」というルートです。最終便は金瓜石を21時半に発車します。夕方以降は20〜30分に1本になってしまうことと、海外（台湾）であることを考え、最低でも1時間の余裕をもって20時半には九份を出て、台北に戻ることをおすすめします。

Taiwan
九份

**1062 路、金瓜石→台北路線図
（平日5時55分〜21時30分、祝休日6時半〜21時半運行）**

・金瓜石（勸濟堂）→金瓜石（黃金博物館）→●九份老街→瑞芳火車站（區民廣場）→東和里→頂埔→［魚桀］魚坑→瑞興新村→山仔腳→大寮→永聯物流園區→中央貨櫃→四腳亭→碇內（博愛仁愛之家）→十六坑→暖江橋頭→潭美國小（成功）→玉成國小→松山車站（八德）→京華城→臺北市區監理所→美仁里→臺安醫院→●捷運忠孝復興站→進安公園(中山女高)→中崙

・「九份老街」から「捷運忠孝復興站」までは 101 元。所要

Jiufen　直通バスで台北から九份

1時間半目安で、道路状況により変化。

・ピーク時は15〜20分に1本、オフピークは20〜30分に1本。

・台北版Suicaプリペイド式の「悠遊カード/悠遊卡（EASY CARD）」は、乗車時と降車時の2度タッチが必要。

平渓線で
十分に
行こう

九份に行くなら近くの十分へも立ち寄り
天燈上げもぜひ体験してみましょう
ローカル鉄道の平渓線がいい味を出しています

もうひとつのハイライト天燈上げ

九份にくらべて知名度は落ちるものの、旅人満足度が高いのが十分での天燈上げです。9と10、九份と十分とで似た名前ですが、十分の「分」には「イ（にんべん）」がありません。この十分へは九份への起点でもある瑞芳からローカル鉄道の平渓線に乗って出かけます。レトロ感ある平渓線は人気も高く、せっかく九份に行くなら平渓線に乗って十分もまわるのが満足＆お得な旅になるでしょう（日中、十分や平渓線沿線で遊び、夕方前に九份へ行くことも可能です）。十分と九份をあわせて観光しても、充分、日帰りトリップができます。

Taiwan
九份

さらっと平渓線をおさらい

なぜ平渓線の旅は、レトロ感たっぷりなのでしょう？ それはこの路線が戦前の日本統治時代に敷設されたことによります。昭和っぽい、じゃなく、リアルに昭和に走っていたのです。台湾では、清朝時代の1891年に基隆〜台北間ではじめて鉄道が走りました。その直後の1895年、日清戦争に日本が勝利すると、台湾は日本のもの（植民地）になり、1899年には日本の台湾総督府が官営鉄道の運営をはじめました。平渓線のはじまりは、1921年7月のことです。菁桐炭鉱はじめとする、このあたりの炭坑から採掘される石炭を運び出

▲左 平渓線のちょうどおヘソにあたる十分駅。 ▲右 1時間に1本、列車が到着すると駅は混雑する

す目的で、台陽鉱業会社が石底線（石炭専用線）として開通させたのです。石炭は人びとの生活にも戦争にも必要なエネルギーで、台陽鉱業は年間7万トンもの石炭を産出していたと言います。その後、1929年10月に台湾総督府が100万円で買収し、名前も平渓線と改めたのでした（戦前、三貂嶺から十分までの区間は、平渓耶馬渓と呼ばれていました）。やがて枯渇して炭坑も廃坑となると、貨物列車は運行されなくなり、客運のみとなりましたが、平渓線沿線には炭坑の採掘施設や当時の街並みが残されることになったのです。

Taiwan
九份

【MEMO】

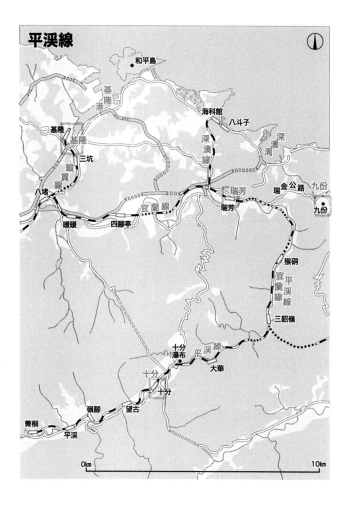

Taiwan
九份

今も走るローカル鉄道

ぐるりと台湾を一周するように台鉄の鉄道路線が走るなか、東北の宜蘭線(東部幹線)の三貂嶺から内陸部へと伸びていく12.9kmの路線が平渓線です。ただし、実際は瑞芳が平渓線の起点になっており、列車は基隆河にそって進んでいきます。そして平渓線の車両には、日本製のDR1000形が使われています。非電化、単線で、煙をもくもく吐き出しながら走る、昔ながらの汽車ぽっぽが平渓線なのです。

平渓線で十分に行こう Jiufen

平渓線のきっぷを買おう

・平渓線の本数は、上り下りとも1時間に1本程度。そのため、どの駅であろうと、着いたらまず次の列車の時刻表を確認することが必須。

・「瑞芳」から天燈上げができる「十分」まで所要30分程度（電車によって異なる）。

・平渓線でも、台北版Suicaプリペイドカードの「悠遊カード/悠遊卡（EASY CARD）」が使える。

・平渓線には1日きっぷもある。「猴硐」「十分」「菁桐」などもあわせて楽しむならそちらのほうがお得。1日周遊券は、

九份

平渓線(海科館〜菁桐)乗り降り自由で80元。台北、基隆、瑞芳などで購入できる。

平渓線停車駅

・◉瑞芳〜猴硐〜三貂嶺〜大華〜◉十分(瑞芳から30分程度)〜望古〜嶺腳〜平渓〜菁桐。

・列車によって所要時間、駅での待ち時間が変わる。

・平渓線は深澳線「八斗子」や宜蘭線「八堵」を始発、終点とする乗り入れ列車が多い。

・深澳線乗り入れは、八斗子〜海科館〜◉瑞芳〜猴硐〜三貂

▲左 線路の目の前にある十分老街の店舗。 ▲右 レトロな鉄道が走る様子は観光客に大人気

嶺〜大華〜◉十分〜望古〜嶺脚〜平渓〜菁桐。

・宜蘭線乗り入れは、八堵〜暖暖〜四脚亭〜◉瑞芳〜猴硐〜三貂嶺〜大華〜◉十分〜望古〜嶺脚〜平渓〜菁桐。

平渓線沿線の見どころ

平渓線沿線には、台北、九份へのアクセス拠点となる「瑞芳ルイファン」、猫がいっぱいの猫村で知られる「猴硐ホードン」、宜蘭線との分岐点で実際の平渓線の始発「三貂嶺サンディアオリン」、平渓線の中心で天燈上げが楽しめる「十分シイフェン」、この路線の名前にもなった「平渓ピンシー」、

Taiwan
九份

青桐坑駅として設けられた1929年当時の木造建築が見られる「菁桐ジィントォン」(台陽鉱業会社の石底礦業所があった)などが位置します。このなかから行く場所を決めましょう。平渓線は1時間に1本ほどなので、のちほど九份に行くのであれば、あれもこれも見るというのはリスクが高いです。リピーター以外のかたは、ずばり十分だけ、もしくは十分プラスひとつにしぼってもよいでしょう。

【MEMO】

我想去十分

[見せる中国語]

Wǒ xiǎng qù shí fēn

ウォシィアンチュウシイフェン

私は十分に
行きたいです。

我想去瑞芳

[見せる中国語]

Wǒ xiǎng qù ruì fāng

ウォシィアンチュウルイファン

私は瑞芳に行きたいです。

放天燈

[見せる中国語]
Fàng tiān dēng
ファンティエンダァン
天燈上げ

十分瀑布怎麼去?

[見せる中国語]

Shí fēn pù bù zěn me qù?
シイフェンプウブウ
ゼンマチュウ?
十分瀑布はどちらですか?

十分で天燈上げに挑戦！

Taiwan
九份

平渓線の中心駅である十分では
昔から続く天燈上げ体験ができるところ
想いをのせたランタンを大空へ飛ばしましょう

十分の愉しみかた

平渓線の中心となるのが十分です。中国語で「シイフェン（日本語でじゅうふん）」と言います。平渓線は線路が1本しかない単線のため、ちょうど中間に位置する十分駅で、上りと下りの列車が交差するのです。この平渓線唯一の行き違い（列車交換）駅では、向こうから来る列車が来てから、こちらの列車は出発という様子が見られます（あるいはその逆）。平渓線の十分駅は、1929年10月1日に十分寮駅として開業した歴史をもちます。現在の十分では平渓線の線路のぎりぎりにまで老街がせまり、くわえて平渓線は1時間に1本程

Jiufen 十分で天燈上げに挑戦!

度しか走らないため、大体の時間において(通常)、線路上までもが市場という状態。それどころか十分名物の天燈上げは、この平渓線の線路上であげるのが最大の魅力となっています。そして、列車(平渓線)の汽笛がなると、そこにいる人たちは慌てて線路からわきによけていきます。まもなく、人や商店をかすめるように、平渓線が十分駅に到着するという具合です。

十分で何する?

十分老街は端から端まで歩いても 10 分かからないほどの小

【MEMO】

Taiwan
九份

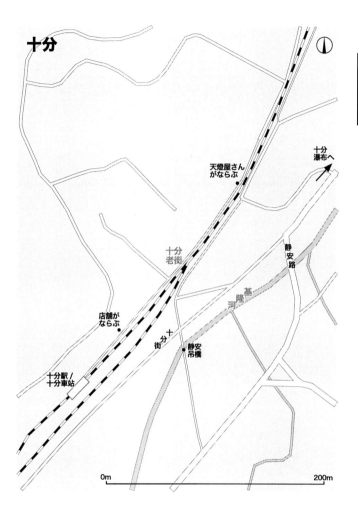

【MEMO】

Taiwan
九份

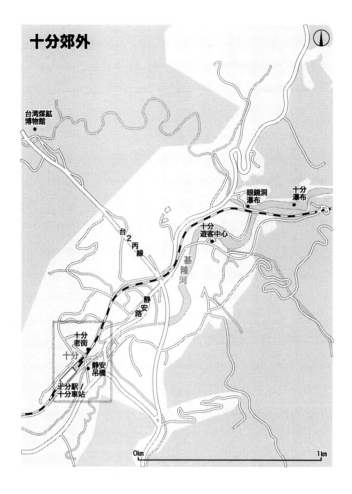

Taiwan
九份

さな街です。十分ではメインの天燈上げのほかに、沿線最大の行楽地にして、台湾のナイアガラ(六分の滝)と呼ばれる「十分瀑布」(徒歩で1500m、20分ほどのところにあり)、トロッコ列車に乗車できる「炭鉱博物館」があります。まず十分駅に着いたら、次に乗る平渓線(九份に行くなら瑞芳行き)の時刻を確認しましょう。そして、ご自身のプランにあわせて、1本あとに乗るのか、2本あとに乗るのか、ざっくりプランを立ててから街歩きをはじめましょう。天燈上げと少しのグルメであるならば、到着した1時間後の次の平渓線に乗ることも可能です。

▲左 1、まず墨で天燈に願いを書（描）いていきます。　▲右 2、記念撮影し終えたら、天燈を広げて下から着火

天燈上げうんちく

そもそも天燈上げって何でしょう？　天燈上げは台湾や中国各地の旧正月（正月）と関係があります。家族が集まって過ごす盛大な旧正月（正月）。この最後の日にあたる1月15日の元宵節、灯籠を飾って祝っていた習慣に由来とするのが天燈上げだというのです。古くは漢の武帝（紀元前156〜前87年）が甘泉宮に灯籠をかけ、夜を徹して「太一（北極星）」に祈りを捧げ、安全と健康を祈願したことにはじまるそうです。隋代以後、元宵節（旧暦1月15日）に灯籠を飾る習慣（張灯）が定着し、広場や街角は灯籠の火で満たされるようにな

Taiwan
九份

りました。言わずもがなかもしれませんが、旧正月は旧暦の正月のことで、清朝以前（また今も）に使われていた田植えや収穫といった農家の生活リズムに適合した暦のことです。

なぜ灯籠なの？

では、なぜ正月の終わる1月15日の元宵節に灯籠（ランタン）なのでしょう？　それは「灯 / 燈 dēng」という文字と「丁 dīng」の発音が似ているからだという説があるそうです。「丁」とは家族の数を示します。元宵節に吉祥の星に地上を照らしてもらい、家族がひとりでも増え、子孫が繁栄することを願

Jiufen 十分で天燈上げに挑戦！

う。そんな思いが灯籠にこめられているのだとか。元宵節には湯円（元宵）という団子を食べて、家族円満を祈り、その夜に灯籠鑑賞に出かけるといった光景が長らく見られたのです。とくに宗族（ある男性を祖として枝分かれした複数の家族からなる大家族）が発達した広東省、福建省、そしてこれらの地域からの移住民の多い台湾では、こうした祭りが盛んでした。中国本土でしばしば迷信や古い慣習が破壊の対象となったのに対して、台湾では灯籠鑑賞や天燈上げなどの行事が連綿と続いてきたのです。元宵節は灯節（灯龍祭）とも呼ばれ、台湾各地で灯籠が飾られます。

Taiwan
九份

そして今も十分で天燈上げが

台湾のランタンフェスティバルでは、さまざまな灯籠（ランタン）が登場します。天燈もそのひとつです。紙を張りあわせて袋状にし、天燈の外側4面に墨や朱墨で願いごとを書（描）いていきます。そして、その底部で油紙を燃やして灯りをともし、熱気球と同じ原理で空に飛ばします。この天燈はあの諸葛孔明（三国志の天才軍師）が通信のために発明したとも言われ、「孔明灯」の名でも知られます。なんとなく諸葛孔明の帽子と天燈のかたちが似て見えますね。天燈は火が消えると落下しますが、このとき鉄道の架線にひっかかる

▲左 3、天燈の裾をもちバランスを整えてから手を放す。　▲右 4、天燈は大空へ飛んでいきます

ことが多く、台北市内では天燈が禁止されたそうです。ところがローカル線の走る平渓あたりでは、引き続きそれが許され、天燈上げの伝統がここで残ることになったのでした（平渓線には鉄道の架線はないですものね）。元宵節、夜空に灯りをともした天燈が数多く浮かんで、平渓線沿線では幻想的な雰囲気に包まれます。

Taiwan
九份

天燈上げに挑戦

さあ十分で絶対チャレンジしたい天燈上げの実践編です。十分老街には天燈上げ屋さんがいくつもならび、平渓線の線路上で次々と天燈が上がる様子が見えます。店によって若干の差はあるものの、基本は、赤1色の天燈、4色の天燈があり、4色の天燈は少し高くなります。平渓線に乗って十分にやってきた乗客がごっそりと降りると、やがてそれぞれが天燈上げをはじめます。最初に飛ばすのは少し照れますが、ひとつ上がると次々に上がっていきます。このとき飛ばす天燈の4面に墨で願いを書（描）いていくのですが、これがとても愉

Jiufen 十分で天燈上げに挑戦！

しく、意外に時間のかかる作業です。そのため、メインディッシュから先に食べるぐらいの気持ちで、なるべく早く天燈上げ屋さんを選んでしまいましょう。天燈上げは、お店の人が手伝ってくれるので、それほど難しくはありません。天燈をもってまずは記念撮影。そして点火してから、天燈の裾を放せば、空にのぼっていきます。

瑞芳から路線バスで九份へ

瑞芳は十分と九份双方への起点となる街
ここから路線バスに乗って
山間の街、九份へ向かいましょう

瑞芳から九份へ

瑞芳から九份への行きかたを紹介します。昔、九戸ばかりの僻村だったと記した通り、九份は鉄道では行けない山間に位置します。瑞芳から基隆河にそって曲がりくねった道（瑞芳と金瓜石を結ぶ瑞金公路）を進んでいくのです。九份までのバスの本数は少なくないし、距離もそれほど遠くはありません。鉄道から路線バスに乗り換えるのは少し面倒ですが、決して九份へのアクセスは悪くありません。また、瑞芳に着いたのが昼ごろで、とりあえず何かお腹に入れたいという場合は、瑞芳駅からまっすぐ南に位置する食堂街の瑞芳美食広場

Taiwan
九份

【MEMO】

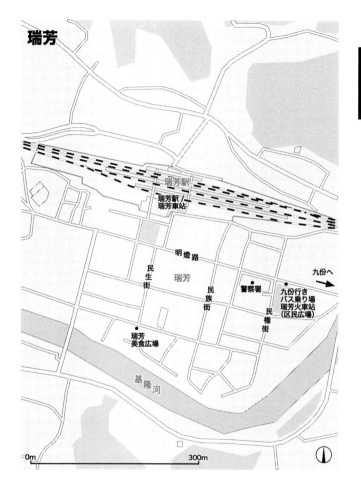

【MEMO】

Taiwan
九份

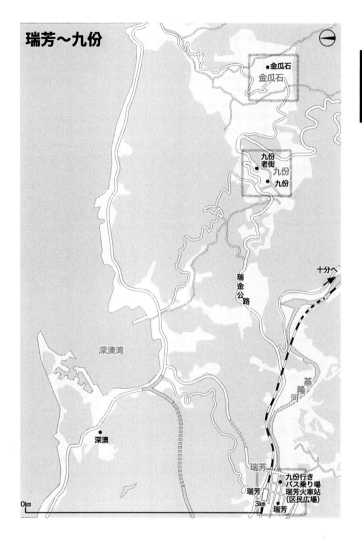

Taiwan
九份

でランチを食べましょう。

九份行きバス乗り場へ

九份行きのバス乗り場は、瑞芳駅／瑞芳車站から少しだけ離れています。駅の正面（南口）を出てから、左手（東側）に進んだところにあります。駅前の通りである明燈路（商店街）を200mほど進むのです。瑞芳には観光案内所がありますが、ここで旅行者がする多くの質問は「九份行きのバスに乗りたい（バス停はどこ？）」のはずです。その答えに「ポリス（警察）横」と、駅から見て左手（東）側を案内されることでしょ

▲左 瑞芳の駅前、この左手側に九份行きのバス停がある。 ▲右 瑞芳火車站（区民広場）の看板、とてもわかりやすい

う。ここが九份行きのバスが出る「瑞芳火車站（区民広場）」です。このバス停「瑞芳火車站」は、新北市警察瑞芳分局脇（区民広場）の「地政事務所前」停留所とくわしく説明されることもあるようです。

瑞芳〜九份間のバス

瑞芳から九份に行くためには、金瓜石行きの路線バス1062路、788路、825路に乗車し、「九份老街」で下車します（九份までは827路でも行けます）。これらの路線バスは、基隆客運（バス）が運行しています。788路は「基隆〜瑞芳〜

Taiwan
九份

九份老街〜金瓜石」、825路は「瑞芳〜九份老街〜金瓜石」、1062路は「台北〜瑞芳〜九份老街〜金瓜石」を結び、おしりのほうは同じようになっているのですね。瑞芳〜九份老街の運賃は15元、所要20分ほどです。これらのバスは5〜10分に1本ぐらいはやってくるでしょう。九份への行きも、帰りも路線バスを利用しましたが、そんなに待つことはありませんでした。

瑞芳〜九份のバス路線

・【路線バス1062路】台北〜〜〜〜〜●瑞芳火車站（區民廣

Jiufen

瑞芳から路線バスで九份へ

場）→◉九份老街→金瓜石（黃金博物館）→金瓜石（勸濟堂）。

・【路線バス788路】基隆〜〜〜〜〜◉瑞芳火車站（區民廣場）→埔頭→柑坪里→瑞柑國小→流籠腳→九番坑（九號停車場）→七番坑→大竿林→九份派出所→代天府→◉九份老街→隔頂→南新山→金瓜橋頭→六號橋→新山→瓜山站→金瓜石（黃金博物館）。

・【路線バス825路】瑞芳火車站→◉瑞芳火車站（區民廣場）→九番坑（九號停車場）→七番坑→九份派出所→代天府→◉九份老街→隔頂→金瓜橋頭→六號橋→金瓜石（黃金博物館）。

Taiwan
九份

タクシーでも行ける

基本は公共交通だけで行けてしまう九份ですが、瑞芳から九份までタクシーに乗るという手もあります。バス停の「瑞芳火車站（区民広場）」にはタクシードライバーも結構いて、「タクシーは速いぞ」「心地よいぞ」などと誘惑の言葉をかけてきます。タクシーにも1台まるごとチャーター、4人で分け合うシェア（ひとり分を払う）があるようでした。瑞芳から九份まではタクシーだとすぐで、台北から九份の距離ほどお金もかかりません。ただし、白タクには注意しましょう。

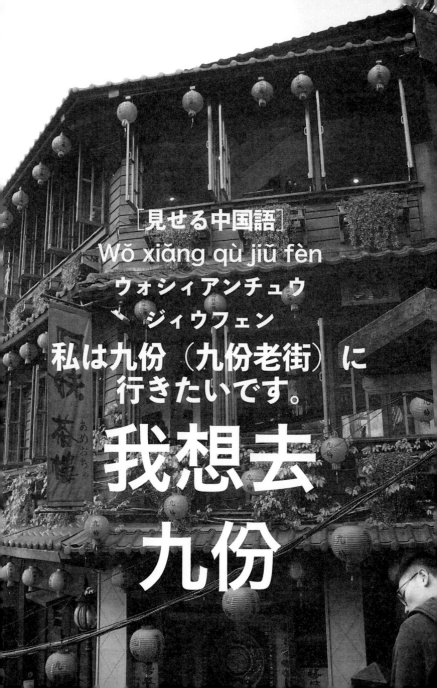

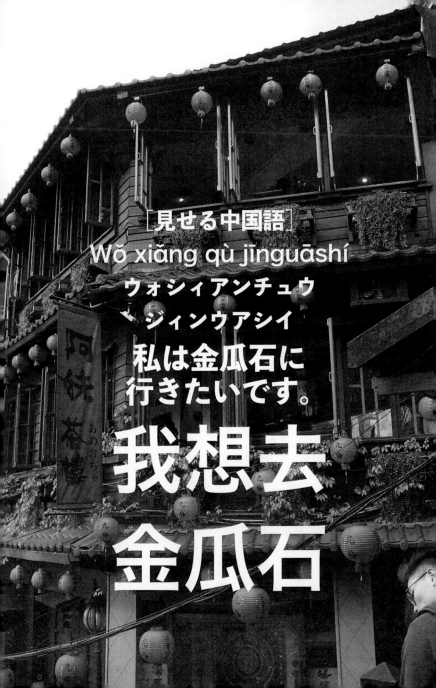

愉しもう
九份の
街歩き

さて台北から離れてようやく九份に着きました
ここは海の見える小さな街
でも細い路地にはぎっしり店や人が集まっています

九份の街は

ざっくり九份の街を説明すると、うにょうにょと東西に走る「基山街」と、それと交わる南北の石階段状の「豎崎路（じゅきろ）」を中心に街はできています。「基山街」は露店、グルメ、土産物店がずらりとならぶ九份のメインストリートで、一方の「豎崎路」はランタン（赤ちょうちん）が通りを彩る九份の顔とも言える通りです。30分もあればこのふたつの通りの端から端まで歩けるほどの規模ですので、小さな街にぎゅぎゅっと魅力が詰まっているのが九份と言えるでしょう。そしてランタンに灯がともっていく夕暮れどきが九份街歩きの

【MEMO】

Taiwan
九份

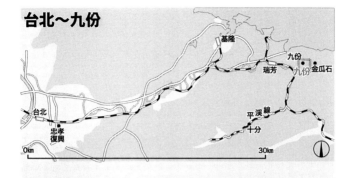

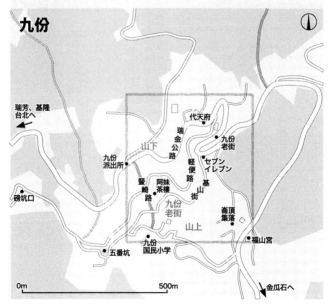

Taiwan
九份

最高の時間だと言えるでしょう（昼ごろまでは平渓線沿線をのんびり楽しんでいるとよいでしょう）。

九份の地図って

ところで、この九份はとても位置関係や地図（地図上の自分の場所や目的の場所）がわかりづらい、把握しづらい街だと言えます。それはネットの地図で見られる九份の街が南北そのままであるに対して、多くのガイドブックに掲載された九份の地図が南北逆転となっているからです。普通、山間の街は、北斜面でなく、太陽のあたる南斜面に築くのが一般的で

▲左　セブンイレブンの横の暗いトンネル、ここが九份（基山街）への入口。
▲右　細い道幅でうにょうにょと続いていく基山街

すが、九份の場合、北側の海にのぞむように北斜面に街が広がっています。金鉱の採掘のために街の構造がつくられたのがその理由です。そして、石階段を南に向かって登っていくため、天地逆転のような違和感を受けるのでしょう（一般的な地図では北に向かって登っていく）。九份の街歩きにあたって、『自力で九份』では南北が正しい地図と、南北逆転の地図のふたつを用意しました。ご自身が見やすいほうで街歩きを楽しんでください。

【MEMO】

Taiwan
九份

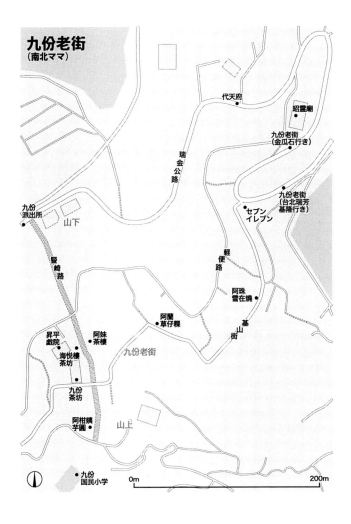

【MEMO】

Taiwan
九份

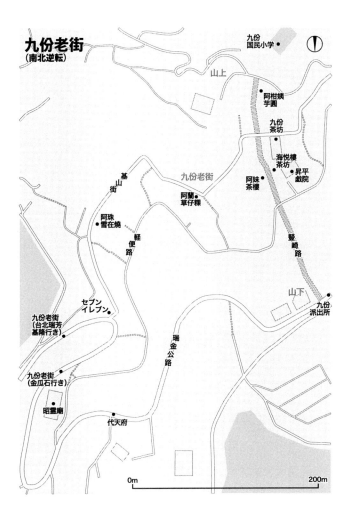

Taiwan
九份

歩こう九份

さてバス停の「九份老街」に着いてから、目指すは街の入口にあたる「基山街」東側の入口です。「基山街」はとても細い路地ですが、その東の入口隣には目印となるコンビニ（セブンイレブン）がありますので、そこから出てくる人、そこへ向かう人の流れを見て進みましょう。「基山街」に入ると、通り両側に店舗がずらりとならび、肩と肩がぶつかるようなにぎわい、また店舗からは声がかかることでしょう。うにょうにょと走る通りは、やがて石階段の「豎崎路（じゅきろ）」と交差します。「豎崎路」を、上り下りしてみましょう。ラ

▲左　ランタンと石階段は九份の顔、豎崎路。　▲右　お芋のスイーツ芋圓、阿柑姨芋圓にて

Jiufen 愉しもう九份の街歩き

ンタンが連なる石階段の、THE 九份という景色が広がります。ところで、一般的に九份は、石階段、ランタン、ノスタルジックな街並みというイメージがとても強いですが、実はとても海を眺めるのにもよいところなのです。深澳湾の入り組んだ入江や湾に浮かぶ島といった景色は、ちょっと台北では見られない光景です。山間の九份には、海からの潮風も心地よく吹いてきますので、景色を愉しみながらのんびりお茶を飲むには最高の街だと言えるでしょう。

Taiwan
九份

九份でおさえておきたいグルメ

九份のグルメについては、さまざまなガイドブックやネットに掲載されていますので、そちらを参考にしていただきたいのですが、九份で絶対にはずせないものをふたつだけあげたいと思います。1つ目は、お芋（いも）でつくった団子の「芋圓（ユウユエン）」です。日本ではあまり見ないスイーツでしたが、実際、おいしかったです。「芋圓」を食べた「阿柑姨芋圓」は、豎崎路のうえのほうに位置し、入口はせまいですが、奥に進むと海を見渡せる広い空間（席）に出ます。もうひとつは茶館で「お茶」を飲むことです。先ほど記した通

Jiufen

愉しもう九份の街歩き

り、九份はわいがやしたイメージがあるのと同時に、海と山に抱かれ、ゆったりとした時間の流れる街でもあります。「阿妹茶樓」「海悦樓茶坊」「九份茶坊」などが有名な茶館ですので、ぜひ優雅な時間をお過ごしください。

もっと知りたい九份

Taiwan
九份

ここでは平渓線やバスのなかの
時間を有効に使える
九份のうんちくを紹介します

基山街と豎崎路

九份の顔とも言えるふたつの通りについての豆知識です。基山街の店舗は、九份が19世紀末にゴールドラッシュを迎えたとき、もともとこの地にあった崙頂集落の人たちが商いをはじめたことにはじまるそうです（崙頂集落は九份でもっとも古い道教寺院の福山宮の近く）。基山街はゴールドラッシュ時から両側に店舗がならび、庇（ひさし）で太陽の光や雨をさえぎられ、通りが暗かったので、「暗街仔」と呼ばれていたそうです。なお「豎崎路」は中国語で「シュウチイルウ」、日本語で「じゅきろ（豎＝じゅ）」ですが、「豎」と「賢」「堅」

が似ていることから、旅行者のあいだでは「けんざきろ」とも呼び習わされているようです（「豎」の異体字は「竪」。「豎」と「堅」の関係は『説文』にも記されているそうです）。

九份の見どころ

時間のあるかた向けに九份の名所、ポイントをサクッと紹介します。19世紀末、九份で金鉱の露頭が発見されると、多くの人がこの街に集まるようになりました。そして、金鉱で働く人たちが遊んだ遊興場の「昇平戲院（昇平座）」は今も残ります。そこから豎崎路の階段を登った眺めのよいところ

Taiwan
九份

に、金鉱で働く親の子どもたちが通った「九份国民小学」が位置します(1940年には1500人を抱えるマンモス校だったそうです)。1848年に創建されたこの街でもっとも古い道教寺院「福山宮」界隈は、清朝時代の九份の集落(崙頂集落)があったところです。そして少し西に離れていますが、金鉱へ続いた「五番坑」、より本格的なトンネルを見たい場合はさらに西の「磅坑口」があります。トンネルの向こうに何かがあるかのような印象を与えてくれるかもしれません。そして、この九份の金鉱で発掘された金を運ぶためのトロッコ道(手押し台車用の軽便鉄道)こそ、基山街に並行して走る「軽

▲左　店の名前はそのまま悲情城市。　▲右　こちらは「湯婆婆の屋敷」こと阿妹茶樓

便路」です。またバス停の九份老街から見える霞海鎮守の「昭霊廟」はとても迫力ある道教寺院です。

『非情城市』の世界へ

観光客でにぎわう今の九份と映画『悲情城市』は、切っても切り離せません。この侯孝賢(ホウ・シャオシェン)監督の『悲情城市』は第46回ベネチア国際映画祭金獅子賞を受賞しています。豎崎路にある「阿妹茶樓」の斜向かいに「悲情城市」という店もありますし、何より映画『悲情城市』に登場したことで九份が観光都市へと成長していったからです。『悲情

Taiwan
九份

城市』は日本の敗戦を告げる 1945 年 8 月 15 日の玉音放送からはじまり、1948 年 2 月 28 日に起こった「二・二八事件」（戦後台湾にやってきた国民党の外省人による本省人＝台湾人の虐殺）へいたる時代に生きる、ある家族を描いた映画です。先ほど述べた「阿妹茶樓」の斜向かいにある店「悲情城市」は、映画に登場する小上海茶飯館だとのことです。映画では豎崎路の様子が何度か登場します。この映画に描かれた 1940 年代の九份は、金鉱で栄えていて、豎崎路にネオンが輝き、たくさんの人が酔っ払って道端に寝ていたとも言われています。

Jiufen もっと知りたい九份

ゴールドラッシュ時代の九份

九份が発展をはじめるのは、基隆河で砂金が発見された1890年以後のことですが、その直後、台湾は日清戦争(1894〜95年)に勝利した日本の統治下(植民地)となります。そして、当初、九份の金鉱を開発したのは、日本の藤田組でした。しかし、藤田組による金鉱開発に対して、現地の台湾人の反発も強く、やがて藤田組は地元の有力者である顔雲年に金鉱開発の権利を貸与していきます。顔家は、労働者から賃料をもらって坑道を掘らせ、金が採掘できると労働者は大金を手にし、掘りあてなければ給料なし、というイチかバチ

Taiwan
九份

かの博打的なやりかた(台湾的なやりかた)で金鉱採掘を行なっていきました。これは、日本人監督のもと、給料制で労働者が働いた金瓜石の鉱山(九份に隣接)のやりかたと真逆のものでした。九份で金を掘りあてた者は、顔家に納めるものを除いて大金を手にし、そのまま夜の街に繰り出したと言います。

金瓜石に行ってみよう

Taiwan
九份

金瓜石は九份のお隣さん
直線距離だと 1.5km ほどです
バスに乗れば 10 分ほどで行けちゃいます

金瓜石どんなとこ？

九份と、隣接する金瓜石は、ともに基隆山の麓（南西麓と南東麓）に位置する、言わば双子都市です。また、ともに 19 世紀末から 20 世紀なかごろまで金鉱で栄えた街でした。映画『悲情城市』の舞台となって以来、九份が観光都市へと成長を遂げたのに対して、金瓜石はやや地味な感はぬぐえませんが、実は日本人にとって九份よりも金瓜石のほうがゆかりが深いのです。戦前、おもに九份の金鉱の管理は、台湾人顔家が行なったのに対して、金瓜石の金鉱の管理は、日本鉱業が経営したからです。19 世紀末の九份とほとんど同時期に

Jiufen 金瓜石に行ってみよう

金瓜石でも金鉱が発見され、当初、金瓜石には3戸の家しかなかったと言います(九份は9戸の家でした)。そこから九份同様3〜4万人の人口を擁する東アジア有数の金銀産出地となったというのですから、ゴールドラッシュの力は本当にすさまじいと言えます。時間が許すなら、金瓜石へも行ってみましょう。

【MEMO】

Taiwan
九份

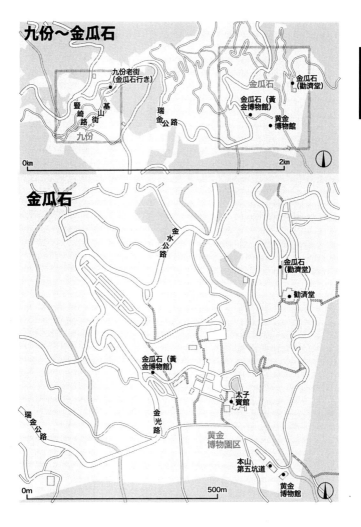

Taiwan
九份

路線バスで金瓜石へ

・「九份老街」から乗車。所要10分、15元。路線バス1062路、788路、825路などで。5〜10分に1本程度は来るはず。

・788路と825路は、九份豎崎路入口の「九份派出所」からも乗れる。

・金瓜石のおもなバス停は、「金瓜石（黄金博物館）」と「金瓜石（勧済堂）」のふたつがあり、どちらで下車するか先に決めておく。迷ったら「金瓜石（黄金博物館）」で。

・また台北から路線バス1062路に乗って直通で金瓜石に行く方法もある（瑞芳から九份へのバスも金瓜石が行き先）。

Jiufen 金瓜石に行ってみよう

▲左　九份そして隣接する金瓜石はかつて金鉱で栄えた。　▲右　山間から望む深澳湾の景色

九份〜金瓜石の路線バス

・【路線バス1062路】台北〜〜〜〜〜瑞芳火車站（區民廣場）〜●九份老街〜金瓜石（黄金博物館）〜金瓜石（勸濟堂）。

・【路線バス788路】基隆〜〜〜〜〜九份派出所〜代天府〜●九份老街〜隔頂〜南新山〜金瓜橋頭〜六號橋〜新山〜瓜山站〜金瓜石（黄金博物館）。

・【路線バス825路】瑞芳火車站〜〜〜〜〜九份派出所〜代天府〜●九份老街〜隔頂〜金瓜橋頭〜六號橋〜金瓜石（黄金博物館）。

Taiwan
九份

金瓜石の見どころ

金瓜石は金鉱とともにあった街で、日本人監督のもと、台湾人、福建人、温州人が坑内に入ったそうです。1908年の金瓜石鉱山の金生産高は、佐渡鉱山の2倍以上、瑞芳鉱山の約3倍だったと言います。当初、日本の田中組の管理でしたが、やがて日本鉱業（鮎川義介率いる日産コンツェルンの一角）が採掘を行なうようになりました。日本統治時代は、とてもにぎわっていたそうです。金瓜石鉱山にまつわる鉱脈や坑道にまつわる展示が見られる「黄金博物館」、実際に金を採掘していた「本山第五坑道」、太子こと日本の皇太子（昭和天皇）

Jiufen

金瓜石に行ってみよう

の台湾視察のための迎賓館として1922年に建てられた「太子賓館」などが見どころです。あたりは黄金博物園区となっています(かつてそばには黄金神社も立っていたそうです)。また金瓜石には、1896年に建てられた関羽をまつる道教寺院の「勧済堂」も位置します。

おまけで基隆に行こう

雨の多い街で、雨港と呼ばれる基隆
この街の名物の基隆廟口夜市では
豊富な魚介類が食べられます

山を下ろう

九份観光を終えて時間に余裕があったら、港町の基隆に行ってみましょう。基隆まで行ってしまえば、台北に戻るのは九份からよりも簡単です。「九份老街」から「基隆」行きの路線バス788路に乗って山をくだって平地を目指します。この九份〜基隆間を走る市道102号は、九份〜瑞芳〜深澳坑〜田寮港〜圓窓嶺といった土地を通って基隆にいたります。所要1時間程度で地図で見るよりはちょっと時間がかかるという印象を受けました（道の混み具合によって変わってきます）。実はこのルートは、戦前の日本統治時代、基隆軽鉄株

【MEMO】

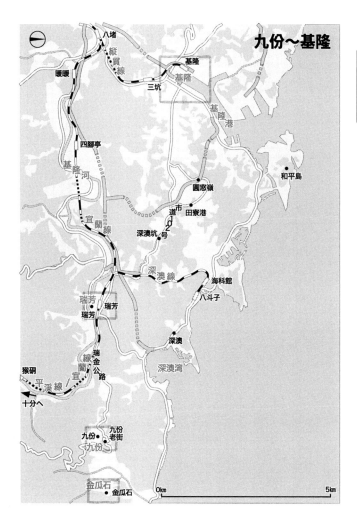

九份～基隆

Jiufen

おまけで基隆に行こう

Taiwan
九份

式会社による簡易な軽便鉄道の三爪子線が走っていたルートと重なります。なぜ軽便鉄道が敷かれていたのでしょう？ それは九份や金瓜石で採れた金を、港町の基隆に運び出すためだったのです。

Jiufen おまけで基隆に行こう

▲左　大型船が停泊する基隆港。　▲右　慶安宮は基隆最大の道教寺院、ど派手な装飾がほどこされている

基隆という名前

基隆は中国語では「ジーロン jī lóng」、台湾語では「ケーラン Ke lâng」と読みます。戦前から日本とゆかりの深い街であったこともあって、日本人には当時からの呼びかた「キールン」が知られています。基隆には、古く台湾原住民ケダガラン族が暮らしていて、その訛の「鶏籠(ケーラン、キールン)」と呼ばれていたと言います。その後、漢族の台湾への入植が進み、清朝時代の 1875 年に「基地昌隆」の意味をこめて「鶏籠」と同音の「基隆」と名づけられたそうです。

Taiwan
九份

基隆ってどんなところ？

基隆は、台湾のなかでは古くから知られた港町です。大航海時代の1624年、台南（台湾南部）近くに上陸したオランダに対抗して、スペインがこの基隆（台湾北部）に上陸し、1626年にサン・サルバドル要塞を建てました。その場所は和平島です。その後、スペインはオランダに敗れ、オランダも鄭成功に敗れて、鄭氏政権から清朝へと為政者は遷っていきました。清朝雍正帝時代の1723年以降、福建から漳州人がこの地に入植し、何士蘭とその一族が基隆を開拓していきます。そして近代（アヘン戦争後）を迎え、台北の玄関口と

Jiufen おまけで基隆に行こう

して淡水の開港が決まると、1861年、基隆もその付属港として開港されました。やがて淡水港の港湾機能が低下すると、基隆港が注目され、日本統治時代に1909年から大規模な港湾開発がはじまり、1912年に完成します。こうして基隆は、台湾を訪れる日本人がまず第一歩を記す港町となったのでした。現在は深い湾入を利用した台北の外港として知られています。

【MEMO】

Taiwan
九份

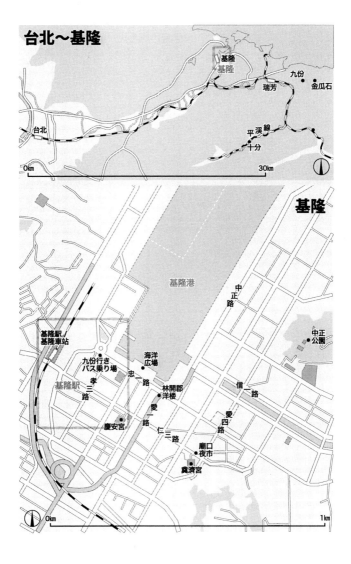

【MEMO】

Taiwan
九份

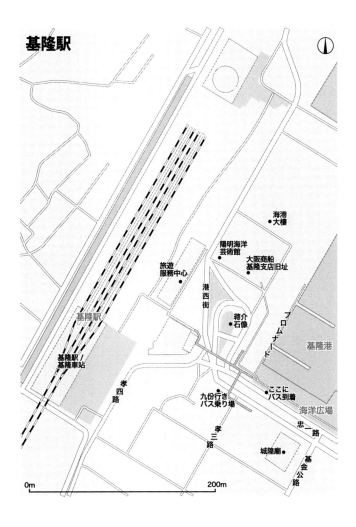

Taiwan
九份

基隆の見どころ

基隆市街は台北にくらべると、とてもコンパクトにまとまっていて、1時間ちょっとあれば主要どころを歩くことは可能です。九份からのバスであれ、台北からの列車であれ、基隆を訪れる人は「基隆港」そばの基隆駅前に着きます。港に面した「海洋広場」はとても心地よい風が吹いています。ここから街歩きをはじめてみましょう。港に隣接する「城隍廟」、ど派手な装飾の道教寺院「慶安宮」、幽霊屋敷にもたとえられる「林開郡洋楼」などが立っています。そこから東へ進むと、基隆最大の見どころ「基隆廟口夜市」に着きます（夕方

Jiufen おまけで基隆に行こう

▲左　この街に来たら必ず足を運びたい基隆名物の廟口夜市。　▲右　台湾から日本への航路はここ基隆を起点とした

からがメインですが、昼間開いている店もあります)。特徴は海の幸がメインであるところです。時間がない場合は、この「基隆廟口夜市」に行くだけでも基隆の魅力が少し伝わるでしょう。さて時間と体力がある場合はさらに北東へ進み、「中正公園」へ行ってみましょう。山のうえにありますので、登るのに少し疲れます。

Taiwan
九份

時間があまったら

また空いた時間、鉄道やバスの待ち時間がある場合にちょうどいいのが、基隆港の西側（駅近く）のエリアです。サークルの中心にレインコートを着た「蒋介石像」が立っています（戦前は、初代台湾総督樺山資紀の像が立っていたそうです）。そのそばの「陽明海洋芸術館」は、1915年に建てられた日本郵船の建物でした。その横は大阪商船株式会社基隆支店旧址です。大阪商船は台湾総督府の命令行路として神戸から宇品、門司、長崎、基隆に至るルートを運行させていたのですね。その裏側には税関のあった「海港大樓」が立っています。

Jiufen おまけで基隆に行こう

港町基隆と日本を往来する人たちは、このあたりを拠点としていたのでした。また基隆港沿いのプロムナードをぶらぶらしても、心地よいでしょう。

基隆から九份行く場合

基隆から九份に行く場合は、金瓜石行きの路線バスに乗ります。788路です。基隆駅の周囲にはいくつかのバス停がありますが、忠一路南側の「基隆火車站（仁祥診所）」停留所からご乗車ください。所要1時間程度です。

我想去基隆

[見せる中国語]
Wǒ xiǎng qù jīlóng
ウォシィアンチュウ
ジイロン
私は基隆に
行きたいです。

我想去台北

[見せる中国語]

Wǒ xiǎng qù táiběi

ウォシィアンチュウ
タイペイ

私は台北に
行きたいです。

たっぷり遊んだら台北へ

Taiwan
九份

長い長い1日が終わりそうです
平渓線の旅、天燈上げ、そして九份
旅を堪能したあとは台北へ戻りましょう

九份から台北へ

九份から台北に戻る場合は、いったん山をくだって鉄道駅のある瑞芳へ戻りましょう（十分から台北へ帰る場合も、平渓線でまず瑞芳へ戻ります）。「九份老街」から出る路線バス1062路、788路、825路などが九份と瑞芳を結んでいます。もしくは台北まで直通の路線バス1062路（瑞芳経由）に乗ります。「九份老街」のバス停は上りと下りで少し違う場所にありますので要チェックです。瑞芳、台北方面のバスの最終便は、金瓜石（九份の前の駅）を平日、休日とも21時半に発車。ここは海外（台湾）であることを考え、最低でも1

たっぷり遊んだら台北へ | Jiufen

時間の余裕をもって 20 時半には九份を出て台北に戻ること をおすすめします。瑞芳からは台鉄に乗ります。1 時間に 2 〜 3 本程度で、瑞芳→台北への「区間車 / 區間車（普通）」と「自 強（特急）」が走っています。「区間車 / 區間車」の場合は所 要 1 時間程度、自強の場合は本数が少なくなりますが（1 時 間に 1 本ほど）、所要 40 分ほどで台北に戻ることができます。

Taiwan
九份

瑞芳〜台北の台鉄路線

・「区間車 / 區間車（普通）」の場合、瑞芳→四脚亭→暖暖→八堵→七堵→百福→五堵→汐止→汐科→南港→松山→台北。

・「自強（特急）」の場合、瑞芳→八堵→松山→台北といった感じで、列車によって停車駅が異なる。

基隆から台北へ

基隆から台北への鉄道は1時間に3〜4本走っていて、「区間車 / 區間車（普通）」が多いです。「自強（特急）」もありますが、1日数本です。「区間車 / 區間車」でも基隆から45

▲左　日帰り旅行を愉しむためには帰りの時刻をしっかり守ることが大事。
　▲右　九份では茶館や小吃店をハシゴしてしまおう

〜50分ほどで、台北に着きますので、アクセスは悪くないと言えるでしょう。ちなみに基隆〜台北の途中の八堵駅で、瑞芳方面と基隆方面の線路が枝分かれしているのでした。

基隆〜台北の台鉄路線

・基隆→三坑→八堵→七堵→百福→五堵→汐止→汐科→南港→松山→台北といった感じ。

・このうち「自強（特急）」は、基隆→八堵→七堵→汐止→松山→台北などに停車。列車によって停車駅は異なる。

Jiufen　最後に

最後に

台北から出発して、平渓線と十分、九份、金瓜石、基隆をぐるりとまわって台北に戻ってきました。これら4つの街を日帰りでまわるのはなかなかタイトです。そのため、「あれも、これも」というのではなく、「あれか、これか」とご自身の好みにあわせてプランを立ててみましょう。個人的には、九份と十分に同格の星［★★★］をつけたいです。十分の天燈上げと平渓線の走る様子が想像以上によかったのです。

　九份に行ったら、基山街を散策。豎崎路で写真。あの人気映画の世界にひたってみましょう。そして最後にこの石階段の豎崎路についての豆知識です。日本人旅行者誰もが写真を

Taiwan
九份

撮るこの石階段は、実は戦前に日本の藤田組が整備したというのです(金鉱の鉱業システムの軸線として、切石をもちいて階段を整備した)。

　台北旅行最大の愉しみは絶品グルメだと言えますが、中国本土ではあまり見なくなったものの台湾ではしっかりと息づく天燈上げ、戦前の日本がつくったという九份の石階段。鮮やかにランタンで彩られた九份の街歩きをしながら、そんなことに思いを馳せると、グルメはもちろん、100通りの愉しみかたのある台北旅行にもう一色、色を添えることができるかもしれません。

Jiufen | 最後に

参考資料

───

『台湾・金鉱哀歌』(林雅行 / クリエイティブ 21)

『瑞芳鉱山・金瓜石鉱山と近代石見銀山：藤田組による鉱山開発と文化的景観』(島根県教育委員会編集)

『世界の鉄道めぐり (82) 台湾旅情の平渓線』(秋山芳弘 / 鉄道ジャーナル)

『台湾に残る日本鉄道遺産』(片倉佳史 / 交通新聞社)

『祭りの歳時記 (2) 灯籠が輝く夜 -- 元宵節』(丘桓興 / 人民中国)

『北台湾老街通覧（宜蘭・基隆・新北・台北編）』(川野明正 / 人文学報)

『新台湾紀行 (2)「雨港」と呼ばれた港町の風情を訪ねる -- 基隆』(片倉佳史 / 東亜)

『Taiwan Today』 https://jp.taiwantoday.tw

台鉄 https://www.railway.gov.tw/jp/

黄金博物館：ホーム http://www.gep-jp.ntpc.gov.tw/

國光客運 KUO-KUANG eBus http://www.kingbus.com.tw/

［PDF］台北 MTR（地下鉄）路線図

http://machigotopub.com/pdf/taipeimetro.pdf

［PDF］【台鉄】台北〜瑞芳時刻表

http://machigotopub.com/pdf/timetabletaipeiruifang.pdf

［PDF］【台鉄】平渓線時刻表

http://machigotopub.com/pdf/timetablepingxixian.pdf

まちごとパブリッシングの旅行ガイド

Machigoto INDIA , Machigoto ASIA , Machigoto CHINA

【北インド - まちごとインド】

001 はじめての北インド
002 はじめてのデリー
003 オールド・デリー
004 ニュー・デリー
005 南デリー
012 アーグラ
013 ファテープル・シークリー
014 バラナシ
015 サールナート
022 カージュラホ
032 アムリトサル

【西インド - まちごとインド】

001 はじめてのラジャスタン
002 ジャイプル
003 ジョードプル
004 ジャイサルメール
005 ウダイプル
006 アジメール（プシュカル）
007 ビカネール
008 シェカワティ
011 はじめてのマハラシュトラ
012 ムンバイ
013 プネー
014 アウランガバード
015 エローラ
016 アジャンタ
021 はじめてのグジャラート
022 アーメダバード
023 ヴァドダラー（チャンパネール）

024 ブジ（カッチ地方）

【東インド - まちごとインド】

002 コルカタ
012 ブッダガヤ

【南インド - まちごとインド】

001 はじめてのタミルナードゥ
002 チェンナイ
003 カーンチプラム
004 マハーバリプラム
005 タンジャヴール
006 クンバコナムとカーヴェリー・デルタ
007 ティルチラパッリ
008 マドゥライ
009 ラーメシュワラム
010 カニャークマリ
021 はじめてのケーララ
022 ティルヴァナンタプラム
023 バックウォーター（コッラム〜アラップーザ）
024 コーチ（コーチン）
025 トリシュール

【ネパール - まちごとアジア】

001 はじめてのカトマンズ
002 カトマンズ
003 スワヤンブナート

004 パタン
005 バクタプル
006 ポカラ
007 ルンビニ
008 チトワン国立公園

【バングラデシュ - まちごとアジア】

001 はじめてのバングラデシュ
002 ダッカ
003 バゲルハット（クルナ）
004 シュンドルボン
005 プティア
006 モハスタン（ボグラ）
007 パハルプール

【パキスタン - まちごとアジア】

002 フンザ
003 ギルギット（KKH）
004 ラホール
005 ハラッパ
006 ムルタン

【イラン - まちごとアジア】

001 はじめてのイラン
002 テヘラン
003 イスファハン
004 シーラーズ
005 ペルセポリス
006 パサルガダエ（ナグシェ・ロスタム）
007 ヤズド
008 チョガ・ザンビル（アフヴァーズ）
009 タブリーズ

010 アルダビール

【北京 - まちごとチャイナ】

001 はじめての北京
002 故宮（天安門広場）
003 胡同と旧皇城
004 天壇と旧崇文区
005 瑠璃廠と旧宣武区
006 王府井と市街東部
007 北京動物園と市街西部
008 頤和園と西山
009 盧溝橋と周口店
010 万里の長城と明十三陵

【天津 - まちごとチャイナ】

001 はじめての天津
002 天津市街
003 浜海新区と市街南部
004 薊県と清東陵

【上海 - まちごとチャイナ】

001 はじめての上海
002 浦東新区
003 外灘と南京東路
004 淮海路と市街西部
005 虹口と市街北部
006 上海郊外（龍華・七宝・松江・嘉定）
007 水郷地帯（朱家角・周荘・同里・甪直）

【河北省 - まちごとチャイナ】

001 はじめての河北省
002 石家荘
003 秦皇島
004 承徳
005 張家口
006 保定
007 邯鄲

【江蘇省 - まちごとチャイナ】

001 はじめての江蘇省
002 はじめての蘇州
003 蘇州旧城
004 蘇州郊外と開発区
005 無錫
006 揚州
007 鎮江
008 はじめての南京
009 南京旧城
010 南京紫金山と下関
011 雨花台と南京郊外・開発区
012 徐州

【浙江省 - まちごとチャイナ】

001 はじめての浙江省
002 はじめての杭州
003 西湖と山林杭州
004 杭州旧城と開発区
005 紹興
006 はじめての寧波
007 寧波旧城
008 寧波郊外と開発区
009 普陀山
010 天台山
011 温州

【福建省 - まちごとチャイナ】

001 はじめての福建省
002 はじめての福州
003 福州旧城
004 福州郊外と開発区
005 武夷山
006 泉州
007 廈門
008 客家土楼

【広東省 - まちごとチャイナ】

001 はじめての広東省
002 はじめての広州
003 広州古城
004 天河と広州郊外
005 深圳（深セン）
006 東莞
007 開平（江門）
008 韶関
009 はじめての潮汕
010 潮州
011 汕頭

【遼寧省 - まちごとチャイナ】

001 はじめての遼寧省
002 はじめての大連
003 大連市街
004 旅順
005 金州新区

006 はじめての瀋陽
007 瀋陽故宮と旧市街
008 瀋陽駅と市街地
009 北陵と瀋陽郊外
010 撫順

【重慶 - まちごとチャイナ】

001 はじめての重慶
002 重慶市街
003 三峡下り（重慶〜宜昌）
004 大足

【香港 - まちごとチャイナ】

001 はじめての香港
002 中環と香港島北岸
003 上環と香港島南岸
004 尖沙咀と九龍市街
005 九龍城と九龍郊外
006 新界
007 ランタオ島と島嶼部

【マカオ - まちごとチャイナ】

001 はじめてのマカオ
002 セナド広場とマカオ中心部
003 媽閣廟とマカオ半島南部
004 東望洋山とマカオ半島北部
005 新口岸とタイパ・コロアン

【Juo-Mujin（電子書籍のみ）】

Juo-Mujin 香港縦横無尽
Juo-Mujin 北京縦横無尽
Juo-Mujin 上海縦横無尽
Juo-Mujin 台北縦横無尽
Juo-Mujin デリーでヒンディー語
Juo-Mujin タージマハルでヒンディー語
Juo-Mujin 砂漠のラジャスタンでヒンディー語

【自力旅游中国 Tabisuru CHINA】

001 バスに揺られて「自力で長城」
002 バスに揺られて「自力で石家荘」
003 バスに揺られて「自力で承徳」
004 船に揺られて「自力で普陀山」
005 バスに揺られて「自力で天台山」
006 バスに揺られて「自力で秦皇島」
007 バスに揺られて「自力で張家口」
008 バスに揺られて「自力で邯鄲」
009 バスに揺られて「自力で保定」
010 バスに揺られて「自力で清東陵」
011 バスに揺られて「自力で潮州」
012 バスに揺られて「自力で汕頭」
013 バスに揺られて「自力で温州」
014 バスに揺られて「自力で福州」
015 メトロに揺られて「自力で深圳」

【車輪はつばさ】
南インドのアイラヴァテシュワラ寺院には建築本体に車輪がついていて寺院に乗った神さまが人びとの想いを運ぶと言います。

・本書はオンデマンド印刷で作成されています。
・本書の内容に関するご意見、お問い合わせは、発行元の
　まちごとパブリッシング info@machigotopub.com までお願いします。

自力旅游九份Tabisuru CHINA 101
台鉄に揺られて「自力で九份」
～路線バスとレトロ鉄道に乗って九份と十分天燈上げ [モノクロノートブック版]

2018年 7月 7日　発行

著　者	「アジア城市（まち）案内」制作委員会
発行者	赤松　耕次
発行所	まちごとパブリッシング株式会社
	〒181-0013　東京都三鷹市下連雀4-4-36
	URL http://www.machigotopub.com/
発売元	株式会社デジタルパブリッシングサービス
	〒162-0812　東京都新宿区西五軒町11-13
	清水ビル3F
印刷・製本	株式会社デジタルパブリッシングサービス
	URL http://www.d-pub.co.jp/

MP201

ISBN978-4-86143-338-2 C0326　　　　Printed in Japan
本書の無断複製複写 (コピー) は、著作権法上での例外を除き、禁じられています。